10 Mai 1894.

P

COLLECTION

DE

M. EDGAR DE Pommereau

OBJETS D'ART

D'AMEUBLEMENT

DU XVIIIe SIÈCLE

DESSINS, ESTAMPES

TAPISSERIES

EXEMPLAIRE DE M. [illegible]

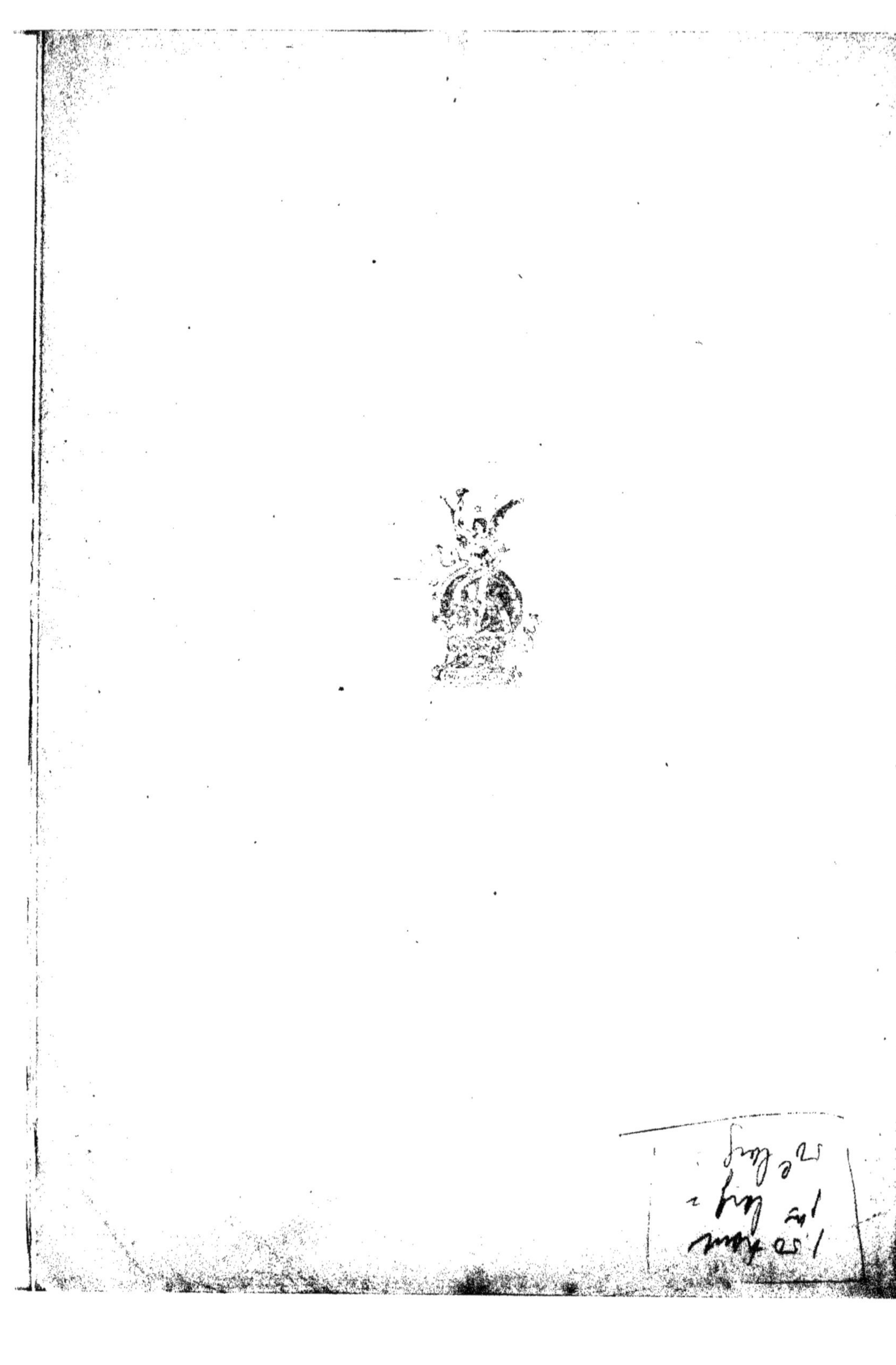

CATALOGUE

DES

OBJETS D'ART

ET

D'AMEUBLEMENT

DU XVIIIe SIECLE

TAPISSERIES

DESSINS – GRAVURES

COMPOSANT

LA COLLECTION DE M. EDGAR DE P***

ET DONT LA VENTE AURA LIEU

HOTEL DROUOT, SALLE No 1

Le Jeudi 10 Mai 1894

à 2 heures

COMMISSAIRE-PRISEUR	EXPERT
Me PAUL CHEVALLIER	**M. CHARLES MANNHEIM**
10, rue de la Grange-Batelière, 10	7, rue Saint-Georges, 7

[illegible]

EXPOSITIONS

PARTICULIÈRE : *Le Mardi 8 Mai 1894, de 1 h. 1/2 à 5 h. 1/2*

PUBLIQUE : *Le Mercredi 9 Mai 1894, de 1 h. 1/2 à 5 h. 1/2*

CONDITIONS DE LA VENTE

Elle sera faite *expressément* au comptant.

Les acquéreurs payeront CINQ POUR CENT en sus des adjudications.

L'exposition mettant le public à même de se rendre compte de l'état et de la nature des objets, il ne sera admis aucune réclamation une fois l'adjudication prononcée.

Paris. — Imprimerie de l'Art, E. MOREAU ET Cie, 41, rue de la Victoire.

Désignation des Objets

ORFÈVREMENT

1 — Deux flambeaux du temps de la Régence, en argent ciselé à ornements, quadrillages, rosaces et bustes. La base et le balustre sont à pans. Vieux Paris.

Haut., 23 cent.

(*Collection Henneveu.*)

2 — Pot à eau et sa cuvette en argent du temps de Louis XV. Le pot, en forme de buire à anse, est repoussé à godrons et présente sur sa face des roseaux, un écusson orné surmonté d'une tête de lion. Le couvercle, décoré de plantes marines, a un coquillage pour bouton.

La cuvette, oblongue et à contours, présente un décor analogue à celui du pot à eau et porte le même écusson.

Hauteur de la buire, 27 cent.
Largeur de la cuvette, 33 cent.

3 — Sucrière à saupoudrer en argent en forme de vase, à panse octogone portant des armoiries gravées, timbrées d'une couronne comtale. Le culot à fond d'amati pré-

sente des palmes rapportées décorées d'ornements ciselés en relief. Le piédouche est bordé de godrons et le couvercle surélevé et en dôme est finement repercé à jour. France. Époque de la Régence. Vieux Paris.

Haut., 25 cent.

(*Collection Henneveu.*)

4 — Deux sucrières analogues à celle qui précède. Les culots de celles-ci sont décorées de cariatides et de palmes en relief avec branches de fleurs gravées dans les entre-deux sur fond d'amati. France. Époque de la Régence. Vieux Paris.

Haut., 22 cent.

(*Collection Marquis.*)

5 — Plateau rond à contours et à moulure. Il porte au fond des armoiries enrichies d'ornements rocaille et de coquilles gravées. Orfèvrerie du temps de Louis XV.

Diam., 31 cent.

6 — Deux petites salières oblongues à contours, en argent, à quatre pieds bas, et les bords supérieurs et inférieurs ciselés à ornements. France. Époque Louis XV.

Larg., 7 cent.

(*Collection de M. le comte de la Béraudière.*)

7 — Théière de forme surbaissée, en argent repoussé, à godrons et ornements gravés; le goulot se termine par une tête de dragon et l'anse surélevée et mobile présente des ornements en relief à la partie supérieure. Cette pièce porte au fond des armoiries gravées, timbrées d'une couronne de marquis. XVIIIe siècle.

Diam., 15 cent.

8 — Petite cafetière en argent, du temps de Louis XV, repoussée, à côtes en spirale et enrichie d'un écusson et d'ornements rocaille ciselés. Vieux Paris.

Haut., 12 cent.

(*Collection Henneveu.*)

9 — Saucière à deux anses surélevées et en volute, sur plateau adhérent et à double goulot, en argent, décorée d'écussons et d'ornements gravés ; les attaches des anses sont formées de feuilles ciselées et le plateau est orné de coquilles. France. Époque Louis XVI.

Longueur du plateau, 20 cent.

10 — Porte-huilier modèle bateau en argent, avec pieds en volutes et récipients repoussés à branches de vigne et ornements rocaille ; les bouchons des burettes cannelés et godronnés ont des boutons formés de grappes de raisin. France. Époque Louis XV.

Longueur du plateau, 28 cent.

11 — Sucrier en forme de boîte ovale, en argent repoussé, à godrons, et le couvercle décoré d'une rosace et d'ornements gravés. xviiie siècle.

Long., 125 millim.

12 — Deux cuillères en argent à spatule gravée, à ornements et quadrillages, et enrichie d'un petit médaillon rond décoré d'un buste de femme en relief. Les cuillères sont accompagnées de quatre couteaux à manches d'argent gravé. xviiie siècle.

13 — Sac en soie rosée dont le fond est formé d'une petite corbeille oblongue en argent repoussé, du temps de Louis XV, décorée de personnages dans un parc, enrichie d'ornements rocaille. Cette pièce renferme des numéros de loto ou de loterie roulés dans des olives d'ivoire.

Largeur de la corbeille, 10 cent.

(*Collection de M. le comte de la Béraudière.*)

SCULPTURES EN TERRE CUITE

14 — Terre cuite. Buste de jeune fille, grandeur nature, la tête tournée vers la gauche, les cheveux retenus par un

ruban et la poitrine couverte en partie par une draperie. Attribué à Pajou.

Hauteur, compris le piédouche en marbre bleu turquin, 44 cent.

15 — TERRE CUITE. Deux statuettes (l'une signée : *Blaise fecit 1775*), se faisant pendants et représentant Hébé et Ganymède. Ce dernier tient une coupe de la main droite et s'appuie de la gauche sur un aigle placé près de lui ; Hébé, coiffée de fleurs, retient de la main gauche une draperie qui laisse le sein droit à découvert et s'appuie de la droite sur une buire ornée.

Haut., 71 cent.

BRONZES D'ART

16 — Petit groupe de deux figures en bronze, muni d'une patine brun foncé : nymphe chasseresse tenant des cymbales et enfant satyre. XVIIIe siècle.

Haut., 34 cent.

17 — Statuette équestre en bronze de Louis XIV. Patine brun rougeâtre.

Hauteur sans le socle en bois noir, 55 cent.

BRONZES D'AMEUBLEMENT

18 — Deux vases ovoïdes en marbre vert antique, garnis de montures en bronze ciselé et doré, composées de piédouches cannelés, d'anses en volutes reliées par des festons de pampres et, à leur partie supérieure, de graines s'échappant de rosaces.

Ces vases sont pleins et les dessus ne sont pas mobiles. France. Époque Louis XVI.

Haut., 32 cent.

(*Collection Hennecen.*)

19 — Bougeoir à deux lumières, du temps de Louis XV, formé d'une figurine de Chinois accroupi en bois laqué noir, or et couleurs, avec coiffure en cuivre doré et tenant de son bras gauche une double branche portant les douilles porte-lumières en bronze doré.

Haut., 17 cent.

(Collection du baron d'Ivry.)

20 — Deux bras-appliques du temps de la Régence, en bronze ciselé et doré, à deux branches porte-lumières feuillagées, et appliques à rocailles et fleurs.

Haut., 45 cent.

21 — Deux bras-appliques du temps de Louis XV, en bronze ciselé et doré, à deux branches rocaille porte-lumières enlacées, et enrichis de branches de fleurs. Modèle rare.

Haut., 41 cent.

22 — Deux girandoles du temps de Louis XIV, en bronze ciselé et doré, à trois branches porte-lumières, à rinceaux avec vase triangulaire au centre, flambeaux à base octogone, tige à trois faces et retombées de feuillages aux angles. Un gland mobile est suspendu à chacune des branches.

Haut., 35 cent.

23 — Deux bras-appliques à une branche porte-lumière s'échappant d'une console ornée sur sa face d'un mascaron tête de femme. Bronze doré du temps de Louis XIV.

Haut., 29 cent.

24 — Deux autres bras-appliques à une branche porte-lumière, à enroulements s'échappant d'un motif orné. Bronze doré du temps de la Régence.

Haut., 26 cent.

25 — Deux petits bras-appliques du temps de Louis XV, à deux branches porte-lumières enlacées, en bronze doré, modèle rocaille.

Haut., 38 cent.

26 — Deux flambeaux du temps de Louis XIV, en bronze ciselé et doré, modèle à balustre carré orné de médaillons bustes de profil et à base à angles coupés décorée de trophées d'armes, de lyre et de bustes.

Haut., 23 cent.

27 — Deux petits chenets du temps de Louis XIV, en bronze ciselé et doré, modèle à vase orné reposant sur une base qui offre sur sa face un médaillon ovale renfermant un buste de profil.

Haut., 33 cent.

28 — Deux chenets du temps de Louis XV, en bronze doré, formés chacun d'un vase et d'une base composée de rocailles et de feuilles.

Haut., 34 cent.

29 — Presse-papier rectangulaire du temps de Louis XIV, en bronze ciselé et doré, garni d'une poignée formée d'un bouton circulaire.

Long., 16 cent.

30 — Deux grands flambeaux du temps de Louis XV, en bronze ciselé et doré, modèle rocaille, enrichis d'ornements gravés.

Haut., 27 cent.

31 — Flambeau de bouillotte du temps de Louis XVI, en bronze ciselé et doré, à trois lumières montées sur un plateau mobile. Abat-jour en métal verni vert.

Hauteur de la tige, 58 cent.

32 — Petit lustre à douze lumières du temps de Louis XIV, modèle à consoles en cuivre et garni de cristaux.

Haut., 80 cent.

33 — Lustre à huit lumières de style Louis XIV, en bronze ciselé et doré, modèle dit de Boulle.

Haut., 75 cent.

PORCELAINES ET FAIENCES

34 — Deux beaux vases en forme de balustre en ancienne porcelaine craquelée gris de la Chine, à bandes d'ornements en relief et têtes chimériques réservées en brun et rehaussées de dorure. Ils reposent sur des montures élégantes en bronze ciselé et doré à gorge, consoles et guirlandes de laurier sur fond ajouré.

Hauteur totale, 45 cent.

35 — Deux cache-pots couverts en ancienne porcelaine de Chine, à décor de fleurs arabesques en camaïeu bleu. Ils sont garnis de montures à anses à entrelacs et mascarons en bronze ciselé et doré du temps de Louis XIV et ils sont ornés, haut et bas, de moulures godronnées.

Haut., 33 cent.

36 — Deux petits vases en forme de cornet en ancienne porcelaine de Chine, émaillée gros bleu uni. Ils sont garnis de montures du temps de Louis XVI, en bronze ciselé et doré, composées de piédouches cannelés, d'anses à volutes reliées par des guirlandes de laurier et d'une moulure godronnée au bord supérieur.

Haut., 27 cent.

(*Collection Henneveu.*)

37 — Deux jardinières de forme surbaissée, en ancienne porcelaine de Chine, décorées de fleurs, d'insectes et

d'ornements en camaïeu bleu. Elles sont garnies de montures en bronze ciselé du temps de Louis XIV, à anses ornées, à mascarons, et à base godronnée.

Haut., 14 cent.; diam., 22 cent.

38 — Deux vases ovoïdes à couvercles bombés en ancienne porcelaine de Chine à fond bleu, rehaussés de décor d'or et à réserves de formes variées renfermant des bouquets de fleurs, des insectes et des ornements émaillés en couleurs.

Haut., 30 cent.

39 — Pot de forme surbaissée à panse cylindrique et à couvercle légèrement bombé, en ancienne porcelaine de Chine, décoré en émaux de la famille verte, à compartiments de branches fleuries et d'oiseaux, encadrés d'ornements variés.

Haut., 19 cent.; diam., 20 cent.

40 — Deux petits vases ovoïdes en ancienne porcelaine de Chine à fleurs arabesques, décorées en émaux de la famille verte sur fonds variés de nuances et à zones d'ornements haut et bas se détachant sur un fond rouge brique.

Haut., 18 cent.

41 — Deux curieux flambeaux à balustre à quatre consoles, en ancienne porcelaine de Chine à décor d'ornements en rouge et or, de style européen.

Haut., 20 cent.

42 — Deux petits vases forme Médicis, en ancienne porcelaine de Sèvres pâte tendre, fond vert pomme et à double médaillon, groupes d'amours sur des nuages en couleurs, encadrés d'ornements, de fleurs et de feuillages dorés. Ils reposent sur des montures de bronze doré à rang de perles.

Hauteur totale, 135 millim.

43 — Deux saucières oblongues à double goulot et à double anse enroulée, en ancienne porcelaine de Sèvres pâte tendre, bordées de dentelles d'or.

Long., 21 cent.

44 — Vase à panse ovoïde et à couvercle, en ancienne porcelaine blanche de Berlin à frise, jeux d'enfants en bas-relief, et à anses garnies de branches de vigne; le couvercle est surmonté d'une figurine d'enfant en ronde bosse.

Haut., 35 cent.

45 — Faience de Lorraine. Groupe de quatre figures représentant le Printemps; la figure principale porte une corbeille de fleurs et elle est accompagnée de trois enfants; la base hexagonale adhérente présente sur chacune de ses faces un quadrillage ajouré avec rosaces dans les entre-deux; décor polychrome.

Haut., 35 cent.

PENDULES ET HORLOGE

46 — Pendule du temps de Louis XIV en marqueterie d'écaille et cuivre, garnie d'ornements à volutes et tablier en bronze ciselé et doré; le cadran, à cartouches d'émail et à fond de cuivre doré avec applique en relief porte sur une plaque d'émail le nom de : *Jean Godde à Paris.*

Haut., 57 cent.

47 — Pendule du temps de Louis XIV, forme dite religieuse, plaquée d'écaille, avec pilastres corinthiens, frise fleurdelisée découpée à jour, vases et cadrans en cuivre. Un cartouche d'émail porte le nom de: *Collier fils à Paris.*

48 — Horloge-applique, forme dite *coucou*, en cuivre jaune,

enrichie d'appliques têtes de chérubins, supportée par deux cariatides d'enfants et surmontée d'une figurine d'Atlas. XVIIe siècle.

Haut., 73 cent.

49 — Curieuse petite pendule-applique, avec cage et cul-de-lampe, en bois sculpté à consoles, mascarons et ornements rehaussés de dorure. Le cadran en cuivre doré à cartouches d'émail est enrichi d'un bas-relief qui représente une nymphe et un amour. France. Époque Louis XIV.

Haut., 39 cent.

COFFRETS ET DIVERS

50 — Coffret oblong à couvercle bombé, couvert en cuivre noir doré au petit fer, à sujets de chasse et encadrements variés. Il est doublé en soie ponceau et a un tiroir à secret. France. Fin du XVIe siècle.

Haut., 27 cent.; larg., 32 cent.

51 — Coffret de forme oblongue en bois d'ébène à moulures, garni d'ornements en argent ciselé et repercé à jour. XVIIe siècle.

Haut., 13 cent.; larg., 20 cent.

52 — Coffret oblong du temps de Louis XIV en marqueterie des trois parties : écaille, étain et cuivre, à ornements, entrelacs, guirlandes et rosaces.

Haut., 10 cent.; larg., 26 cent.

53 — Buire et son plat en cuivre repoussé et argenté, décorés de zônes de rinceaux avec mascarons, animaux fantastiques et ornements variés. Italie. XVIe siècle.

Hauteur de la buire, 35 cent.
Diamètre du plat, 58 cent.

54 — **Panneau rectangulaire décoré au vernis de Martin, et représentant deux amours et divers attributs dans le goût de Boucher.**

Haut., 39 cent.; larg., 50 cent.

MEUBLES

55 — **Grande et très belle armoire du temps de la Régence, cintrée à la partie supérieure et fermant à deux portes. Elle est plaquée de bois rose et de bois satiné et enrichie de motifs élégants à avants de sphinx, d'encadrements à volutes, écussons, feuillages, ornements variés et écoinçons, le tout en bronze ciselé et doré.**

Pièce exceptionnelle et de la plus grande rareté.

Haut., 2 m. 45 cent.; larg., 1 m. 45 cent.; prof., 53 cent.

56 — **Meuble d'entre-deux à contours, fermant à deux portes, en bois satiné garni d'ornements en bronze ciselé tels que : bustes, écoinçons en éventails, mascarons, etc., et dessus de marbre brèche à moulure. France. Milieu du XVIIIe siècle.**

Haut., 81 cent.; larg., 1 m. 35 cent.

57 — **Bureau bonheur du jour du temps de Louis XV, en marqueterie de bois de couleur sur fond bois de rose, à attributs divers, vases de fleurs et ornements variés. Il est garni de quelques ornements de bronze doré.**

Le corps supérieur ferme à deux portes avec casier et tiroir en entre-deux et tablette d'entrejambes marquetée.

Haut., 94 cent.; larg., 61 cent.

58 — **Commode du temps de la Régence, à trois tiroirs, en bois de placage, garnie de bronzes ciselés et dorés. Aux angles, cariatides de femmes et griffes de lions. Sur la face, larges entrées de serrures composées de dragons,**

de dauphins et d'ornements et boutons circulaires s'échappant de rosaces découpées. Dessus de marbre brèche d'Alep.

Larg., 1 m. 28 cent.

59 — Curieux bureau du temps de Louis XIV, en marqueterie de cuivre et d'étain sur bois, dessin à rosaces, entrelacs et ornements variés. Le fond du corps inférieur est plein et cintré, le meuble est surmonté d'un casier à gorge, porte et tiroirs. La clef en acier découpé est surmontée d'une couronne.

Haut., 93 cent.; larg., 1 m. 13 cent.

60 — Miroir de toilette à contours du temps de Louis XIV, avec cadre en marqueterie d'écaille et cuivre garni de montures et d'attaches ornées en bronze ciselé et doré.

Haut., 66 cent.; larg., 54 cent.

61 — Deux petits meubles à hauteur d'appui, fermant chacun à une porte vitrée et cintrée encadrée de marqueterie de cuivre sur bois. Époque Louis XIV.

Larg., 60 cent.

62 — Petit meuble d'entre-deux du temps de Louis XV, en bois rose et marqueterie à losanges, fermant à une porte. Il est garni de quelques ornements de bronze ciselé et doré et d'un dessus de marbre brèche.

Larg., 50 cent.

63 — Secrétaire droit du temps de Louis XV, à contours en bois de rose, bois satiné et bois de violette, à abattant et à deux portes, avec tablette en entre-deux, il est garni de quelques ornements de bronze ciselé et doré et a un dessus de marbre brèche d'Alep.

Haut., 1 m. 8 cent.; larg., 81 cent.

64 — Secrétaire d'angle, du temps de Louis XV, à double

porte et à abattant en bois de placage foncé, avec sabots et entrées de serrures en bronze doré et à dessus de marbre brèche d'Alep.

Haut., 1 m. 8 cent.; larg., 77 cent.

65 — Deux encoignures du temps de Louis XV, fermant à deux portes, en marqueterie de bois rose et bois satiné, à quadrillages, garnies d'ornements en bronze ciselé et doré. Quelques-uns de ceux-ci ont été rapportés. Dessus de marbre brèche d'Alep.

Prof., 58 cent.

66 — Deux étagères d'angles du temps de Louis XV, en marqueterie à fleurs, avec compartiment fermant à l'aide d'une porte à coulisse et à brisures et fond découpé à jour.

Haut., 97 cent.

67 — Petite table-bureau du temps de Louis XV, en bois satiné et de violette, le dessus marqueté à quadrillages, et garnie de quelques ornements en bronze doré.

Larg., 50 cent.

68 — Bout de bureau surmonté d'un cartonnier du temps de Louis XV, de forme contournée, en bois rose encadré de bois satiné, garni de quelques ornements de bronze ciselé et doré. Les cartons en maroquin rouge doré au fer ont été rapportés.

Haut., 1 m. 39 cent.; larg., 79 cent.

69 — Table-toilette, modèle rognon à quatre pieds du temps de Louis XV, en marqueterie de bois, à feuillages en bois foncé sur fond de bois satiné.

Larg., 90 cent.

70 — Table de nuit de forme ronde, à trois pieds et tablette d'entrejambes en marqueterie de bois de couleur, à

vases de fleurs et attributs, et à dessus de marbre brèche d'Alep. Elle est garnie de quelques ornements de bronze doré. Un casier à trois tiroirs a été rapporté à l'intérieur.

Diam., 35 cent.

71 — Petite commode du temps de Louis XV, de forme contournée, à deux tiroirs en marqueterie de bois à fleurs, sur fond en bois de rose et garnie d'ornements rocaille en bronze ciselé et doré, tels que : chutes, sabots, entrées de serrure, etc. Dessus de marbre bordé d'une moulure.

Larg., 82 cent.

72 — Table-bureau rectangulaire du temps de Louis XVI, à quatre pieds carrés reliés par une tablette en marqueterie de bois, à rosace et ornements en bois satiné sur fond bois de rose. Le dessus est bordé de cuivre.

Larg., 80 cent.

73 — Petite table ovale du temps de Louis XVI, à quatre pieds et tablettes d'entrejambes en bois de rose et de violette, avec dessus en marbre blanc bordé d'une galerie de cuivre.

Larg., 49 cent.

74 — Table de nuit du temps de Louis XV, simulant une table à ouvrage, en bois rose et bois satiné, avec tablette d'entrejambes et dessus de marbre brocatelle d'Espagne.

Larg., 45 cent.

75 — Deux petites tables torchères sur pied à balustre et à trois consoles, en bois d'acajou sculpté. Travail hollandais du temps de Louis XVI.

Haut., 90 cent.

76 — Table à ouvrage du temps de Louis XV, à trois tiroirs, en bois rose et violet, avec tablette d'entrejambes à

damier et à dessus de marbre. Elle est garnie de quatre sabots et d'un encadrement à moulures en cuivre doré. Les entrées de serrures ont été rapportées.

Larg., 39 cent.

77 — Table-toilette formant bureau, avec miroir, compartiments et tiroirs en bois de placage foncé, avec sabots, entrées de serrures et boutons en cuivre doré.

Larg., 92 cent.

78 — Semainier du temps de Louis XVI en bois de rose et marqueterie, garni d'un ruban et de quatre supports en cuivre découpé à jour et doré.

Haut., 41 cent.

79 — Table à ouvrage du temps de Louis XV, de forme ronde à trois pieds reliés par une tablette d'entrejambes en bois de rose et encadrements marquetés à denticules; dessus de marbre blanc avec galerie en cuivre découpé.

Diam., 42 cent.

80 — Table du temps de Louis XV, avec tiroir formant bureau et fermant à deux petites portes avec tiroirs à l'intérieur, en marqueterie de bois à quadrillages et tablette d'entrejambes reliant les quatre pieds.

Larg., 43 cent.

81 — Table de nuit fermant à deux petites portes avec compartiment ouvert au-dessus, plaquée de bois de rose et à dessus de marbre brèche. Époque Louis XV.

Larg., 50 cent.

82 — Petit buffet à deux corps en bois de chêne sculpté à ornements et rosaces, cintré à sa partie supérieure et les côtés à contours; il ferme à deux portes vitrées

superposées avec tiroir en entre-deux ; le corps supérieur date de l'époque de la Régence.

Hauteur totale, 1 m. 88 cent.; larg., 95 cent.

MEUBLES

EN BOIS SCULPTÉ ET DORÉ

83 — Console du temps de Louis XIV, en bois sculpté et doré, sur pied à cariatide de femme ailée reliant le bandeau orné à la base du fond composé de motifs à volutes et coquilles et repercé à jour. Modèle rare. Le dessus est formé d'une tablette de marbre vert de mer à moulures.

Larg., 75 cent.

84 — Glace avec cadre en bois sculpté et doré du temps de Louis XIV, avec compartiments de glace gravés à figures.

Haut., 1 m. 48 cent.; larg., 1 m. 20 cent.

85 — Grande glace du temps de Louis XIV, avec cadre cintré à sa partie supérieure en bois sculpté et doré à compartiments de glace et moulures à oves, palmettes, mascarons, rinceaux et entrelacs.

Haut., 2 mètres; larg., 1 m. 17 cent.

86 — Petite table rectangulaire à quatre pieds, en bois sculpté et doré du temps de la Régence, décorée d'ornements à volutes et feuilles et à bords godronnés ; le dessus est garni de peluche verte. Cette pièce est d'une grande légèreté et d'une rare élégance.

Larg., 56 cent.

87 — Table rectangulaire en bois sculpté et doré, décorée au pourtour de coquilles et d'ornements ; les quatre

pieds sont sculptés à volutes et feuilles; le dessus est formé d'une tablette de marbre violacé. xviiie siècle.

Larg., 62 cent.

88 — Cadre du temps de Louis XIV en bois sculpté et doré avec coquilles et fleurs aux angles, et écusson à la partie supérieure.

Ouverture : Haut., 68 cent. 1/2 ; larg., 52 cent.

89 — Petit guéridon en bois sculpté et doré, dont la tige est formée d'une fleur de lis à quatre pétales. xviiie siècle.

Haut., 70 cent.

90 — Thermomètre de forme rectangulaire en hauteur, en bois sculpté et doré, surmonté d'une urne avec draperies et de branches de feuillages. Époque Louis XVI.

Haut., 37 cent.

91 — Baromètre du temps de Louis XVI, en forme de lyre, en bois sculpté et doré, encadré de branches de laurier et surmonté d'un soleil.

Haut., 87 cent.; larg., 42 cent.

92 — Petit miroir à contours, dans un cadre à consoles, volutes et feuillages, surmonté de deux têtes de chérubins, en bois sculpté. Italie. xviiie siècle.

Haut., 54 cent.; larg., 34 cent.

93 — Miroir de toilette cintré à sa partie supérieure, dans un cadre en bois sculpté par Bagard de Nancy, décoré d'ornements en bas-relief et portant un écusson armorié.

Haut., 50 cent.; larg., 44 cent.

94 — Cadre carré à ouverture circulaire en bois sculpté du temps de Louis XIV. Il contient une gouache représentant un paysage.

Diamètre du cadre, 30 cent.

95 — Deux petites crédences-appliques en bois sculpté et doré, avec console à volute centrale et double guirlande. Époque Louis XVI.

Haut., 25 cent.; larg., 29 cent.

96 — Petite crédence-applique, modèle à quatre consoles, en bois sculpté à ornements et fleurs, et enrichie sur sa face d'un mascaron : Tête de femme. France. XVIIIe siècle.

Haut., 33 cent.

97 — Deux petites crédences-appliques du temps de Louis XV, en bois sculpté et doré, composées d'ornements rocaille et de fleurs. Modèle élégant des plus rares et des plus distingués.

Haut., 30 cent.; larg., 16 cent.

98 — Crédence-applique du temps de Louis XIV, en bois sculpté et doré, modèle à feuilles et ornements.

Haut., 30 cent ; larg., 31 cent.

99 — Bois de lit du temps de Louis XV en bois sculpté et peint en blanc, à dossiers arrondis.

Larg., 1 m. 40 cent. environ.

SIÈGES

100 — Grand fauteuil du temps de Louis XIV, à pieds, entrejambes et appuis-bras en bois sculpté. Il est couvert de velours vert ciselé à fleurs et garni au pourtour d'une frange à grille.

Haut., 99 cent.

101 — Fauteuil à dossier élevé, du temps de la Régence, en bois sculpté à feuillages et ornements. Il est couvert de velours semblable à celui du siège qui précède.

Haut., 1 m. 11 cent.

102 — Bergère du temps de Louis XV en bois sculpté à fleurs et feuillages, couverte et accompagnée d'un coussin de même velours vert que les deux sièges qui précèdent.

Haut., 84 cent.

103 — Fauteuil du temps de la Régence de forme cintrée en bois sculpté à fleurs, feuillages, coquilles et entrelacs et foncé de canne. Les pieds sont reliés par un entrejambes orné.

Haut., 92 cent.

104 — Tabouret pliant à X, en bois sculpté à feuilles et ornements, et couvert de velours vert. XVIIIe siècle.

Larg., 70 cent.

105 — Curieux petit fauteuil d'enfant en bois sculpté, à dossier à lyre portant à la partie inférieure, sur un médaillon rond, les emblèmes des trois ordres et, dans le haut, les fleurs de lis de France. Les pieds et les montants cannelés sont garnis de tigettes de cuivre. Il est garni de paille et accompagné d'un coussin et de manchettes en velours ponceau ciselé.

Travail de la fin du règne de Louis XVI.

Haut., 67 cent.

106 — Siège bas du temps de Louis XV, en bois sculpté à écusson, coquilles et fleurs. Le siège et le dossier arrondis sont garnis en canne.

Haut., 51 cent.

107 — Deux fauteuils en bois sculpté à coquilles et ornements, garnis en canne, les pieds reliés par une entretoise en X et les manchettes garnies en cuir. France. Époque de la Régence.

108 — Bergère du temps de Louis XV, en bois sculpté, couverte de lampas vert à dessin ton sur ton.

109 — Banquette du temps de la Régence, à six pieds de biches en bois sculpté et à pourtour orné de coquilles et de rinceaux. Elle est couverte d'étoffe semblable à celle du fauteuil qui précède.

Long., 1 m. 22 cent.

110 — Banquette de même style couverte de velours usé.

111 — Chaise du temps de la Régence, en bois sculpté à coquilles et ornements, et foncée en canne. Les quatre pieds sont reliés par une entretoise.

112 — Chaise de même époque en bois sculpté à ornements rocaille et feuillages, foncée en canne.

113 — Grande chaise du temps de la Régence, en bois sculpté à fleurs, feuillages et ornements. Elle est couverte de velours vert frappé à fleurs, ton sur ton. Modèle d'une rare élégance et d'une très belle exécution.

Haut., 93 cent.

114 — Deux grandes chaises du temps de la Régence, en bois sculpté à fleurs, coquilles et ornements. Elles sont foncées de canne.

Haut.; 99 cent.

115 — Deux bois de fauteuils du temps de Louis XV, sculptés à fleurs et ornements. Ils portent le nom frappé de Crescent.

Haut., 87 cent.

116 — Tabouret de pied du temps de la Régence, en bois sculpté à fleurs et ornements rocaille. Il est couvert de lampas à fond vert et fleurs jaunes.

Larg., 47 cent.

117 — Tabouret de pieds à côtés cintrés et rentrants du temps de Louis XV, en bois sculpté à coquilles et ornements. Il est couvert d'une étoffe à fond rose.

Larg., 53 cent.

118 — Petit canapé de forme contournée et de style Louis XV, en bois sculpté et doré à ornements et fleurs. Il est foncé en canne dorée.

Larg., 1 m. 45 cent.

TAPISSERIES

119 — Suite de quatre belles tapisseries des Flandres, représentant des sujets dans le goût de Téniers, composés d'un grand nombre de personnages. Belle conservation.

Le Marché au poisson.

Haut., 3 m. 15 cent.; larg., 5 mètres.

La Bonne Aventure.

Haut., 3 m. 05 cent.; larg., 1 m. 99 cent.

La Marchande de légumes.

Haut., 3 m. 12 cent.; larg., 1 m. 85 cent.

Les Fumeurs.

Haut., 3 m. 26 cent.; larg., 1 m. 93 cent.

120 — Grande tapisserie des Flandres à sujet analogue à celles qui précèdent. *Joueur de musette, Personnages divers et animaux dans un paysage.*

Haut., 2 m. 40 cent.; larg., 3 m. 70 cent.

121 — Grande tapisserie verdure avec habitation et bordure composée de fleurs.

Haut., 2 m. 75 cent.; larg., 4 m. 15 cent. environ.

122 — Tapisserie verdure avec renard et oiseau ; au fond, un château. Bordure à fleurs et fruits.

Haut., 2 m. 30 cent.; larg., 3 m. 55 cent. environ.

123 — Tapisserie verdure avec oiseaux. Bordure de fleurs.

Haut., 2 m. 90 cent ; larg., 2 m. 30 cent. environ.

124 — Tapisserie verdure avec paons et bordure seulement haut et bas.

Haut., 2 m. 60 cent.; larg., 3 m. 80 cent. environ.

125 — Tapisserie verdure avec oiseaux.

Haut., 1 m. 75 cent.; larg. 1 m. 85 cent.

126 — Écran du temps de la Régence, en bois sculpté à coquilles et ornements sur ses deux faces. Il est garni d'une tapisserie au point rehaussée de fils d'argent, représentant un vase de fleurs entouré d'ornements.

Haut., 1 m. 2 cent.; larg., 75 cent.

127 — Écran du temps de Louis XV, en bois sculpté, garni d'une tapisserie à vase de fleurs sur fond jaune.

Haut., 1 m. 2 cent.; larg., 73 cent.

ÉTOFFES

128 — Deux grands rideaux en toile blanche, décorés d'une sorte de mosaïque de toile de Jouy, variée de dessin et de nuances, bordée, soutachée et rehaussée de broderies blanches. L'ensemble présente un décor très élégant, composé de vases et de médaillons de fleurs, d'ornements rocaille et d'encadrements variés. Époque de la Régence.

Haut., 3 m. 15 cent. environ; larg., 1 m. 46 cent.

129 — Trois garnitures de croisées, composées chacune de deux rideaux et d'un lambrequin en ancien damas ponceau, avec application de galons jaunes formant dessin.

Hauteur des rideaux, 3 m. 40 cent. environ.

DESSINS

FRAGONARD

(H.)

130 — *Vues de Saint-Cloud.*

Deux études au lavis de bistre légèrement teinté d'aquarelle.

FRAGONARD

(H.)

131 — *Fête champêtre dans un parc.*

Très important et beau dessin à la sanguine animé d'un grand nombre de figures.

HOIN

(CL.)

132 — *Jeune Femme.*

Assise, tenant des fleurs sur ses genoux ; au fond, la vue d'un parc et d'une fontaine.

Très joli dessin colorié, daté et signé 1785. Cadre en bois sculpté.

LAWREINCE

(N.)

133 — *L'Élève discret.*

Dans un élégant intérieur, une jeune femme, coiffée d'un grand chapeau de paille, est étendue sur un canapé ; elle joue avec un petit chien qui fait le beau devant elle.

Charmant dessin colorié ; il a été gravé par Janinet.

LAWREINCE

(N.)

134 — *Pauvre minet, que ne suis-je à ta place ?*

Une jeune femme en déshabillé est assise sur un canapé renfermé dans une alcôve ; elle caresse un chat qu'elle tient sur ses genoux.

Ce dessin, de la qualité du précédent auquel il fait pendant, a été également gravé par Janinet.

GRAVURES ENCADRÉES

DEBUCOURT

(P. L.)

135 — *Promenade de la Gallerie du Palais-Royal (1787).*

Très belle épreuve en couleur.

DEBUCOURT

(P. L.)

136 — *La Promenade publique (1792).*

Très belle épreuve en couleur.

HUET

(D'après J. B.)

137 — *Pastorales.*

Deux pièces gravées par Demarteau.

DE LONGUEIL

(J. D.)

138 — *Les Dons Imprudents.*

Le Retour à la vertu.

Deux pièces faisant pendants.
Très belles épreuves en couleur.

TAUNAY

(D'après)

139 — *Foire de village.*

Noce de village.

Le Tambourin.

La Rixe.

Suite de quatre pièces gravées par Descourtis
Très belles épreuves en couleur.

WILLE FILS

(D'après P. A.)

140 — *La Noce de village.*

Le Repas des moissonneurs.

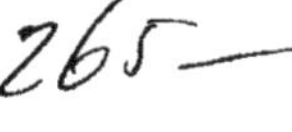

Deux pièces faisant pendants.
Très belles épreuves en couleur.

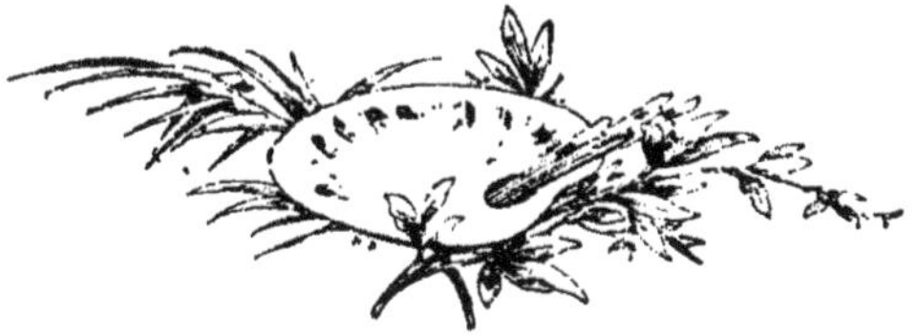

www.ingramcontent.com/pod-product-compliance
Ingram Content Group UK Ltd.
Pitfield, Milton Keynes, MK11 3LW, UK
UKHW020516180726
13839UKWH00005B/2127